Satyre, tu ne le connois pas. *Voy. note pag. 92.*

DISCOURS
QUI A REMPORTÉ LE PRIX
A L'ACADEMIE
DE DIJON.

En l'année 1750.

Sur cette Question proposée par la même Académie:
Si le rétablissement des Sciences & des Arts a
contribué à épurer les mœurs.

PAR UN CITOYEN DE GENÈVE.

Barbarus ——— *quia non intelligor illis.* Ovid.

A GENEVE,
Chez BARILLOT & fils.

PRÉFACE.

VOICI une des grandes & des plus belles questions qui ayent jamais été agitées. Il ne s'agit point dans ce Discours de ces subtilités métaphysiques qui ont gagné toutes les parties de la Littérature, & dont les Programmes d'Académie ne sont pas toujours exemps ; mais il s'agit d'une de ces vérités qui tiennent au bonheur du genre humain.

Je prévois qu'on me pardonnera difficilement le parti que j'ai osé prendre. Heurtant de front tout ce qui fait aujourd'hui l'admiration des hommes, je ne puis m'attendre qu'à un blâme universel ; & ce n'est pas pour avoir été

PRÉFACE.

honoré de l'approbation de quelques Sages, que je dois compter sur celle du Public : Aussi mon parti est-il pris ; je ne me soucie de plaire ni aux Beaux-Esprits, ni aux Gens à la mode. Il y aura dans tous les tems des hommes faits pour être subjugués par les opinions de leur siécle, de leur Pays, de leur Société : Tel fait aujourd'hui l'Esprit fort & le Philosophe, qui, par la même raison n'eût été qu'un fanatique du tems de la Ligue. Il ne faut point écrire pour de tels Lecteurs, quand on veut vivre au-delà de son siécle.

Un mot encore, & je finis. Comptant peu sur l'honneur que j'ai reçu, j'avois, depuis l'envoi, refondu & augmenté ce Discours, au point d'en faire, en quelque
manière,

PRÉFACE.

maniére, un autre Ouvrage; aujourd'hui, je me suis cru obligé de le rétablir dans l'état où il a été couronné. J'y ai seulement jetté quelques notes & laissé deux additions faciles à reconnoître, & que l'Académie n'auroit peut-être pas approuvées. J'ai pensé que l'équité, le respect & la reconnoissance exigeoient de moi cet avertissement.

DISCOURS.

Decipimur specie recti.

LE rétablissement des Sciences & des Arts a-t'il contribué à épurer ou à corrompre les Mœurs? Voilà ce qu'il s'agit d'examiner. Quel parti dois-je prendre dans cette question? Celui, Messieurs, qui convient à un honnête homme qui ne sait rien, & qui ne s'en estime pas moins.

Il sera difficile, je le sens, d'approprier ce que j'ai à dire au Tribunal où je comparois. Comment oser blâmer les Sciences devant une des plus savantes Compagnies de l'Europe, loüer l'ignorance dans une célebre Académie, & concilier le mépris pour l'etude avec le respect pour les vrais Savans ? J'ai vu ces contrariétés ; & elles ne m'ont point rebuté. Ce n'est point la Science que je maltraite, me suis-je dit ; c'est la Vertu que je défends devant des hommes vertueux. La probité est encore plus chére aux Gens-de-bien, que l'érudition aux Doctes. Qu'ai-je donc à redouter ? Les lumieres de l'Assemblée qui m'écoute ? Je l'avoüe ; mais c'est pour la constitution du discours, & non pour le sentiment de l'Orateur. Les Souverains équitables n'ont jamais balancé à se condanner eux-mêmes dans des discussions douteuses ; & la position la plus avantageuse au bon droit, est d'avoir à se défendre contre une Partie intégre &

éclairée, juge en sa propre cause.

A ce motif qui m'encourage, il s'en joint un autre qui me détermine : c'est qu'après avoir soutenu, selon ma lumiere naturelle, le parti de la vérité; quel que soit mon succès, il est un Prix qui ne peut me manquer : Je le trouverai dans le fond de mon cœur.

PREMIERE PARTIE.

C'Est un grand & beau spectacle de voir l'homme sortir en quelque maniere du néant par ses propres efforts; dissiper, par les lumieres de sa raison, les ténèbres dans lesquelles la nature l'avoit enveloppé ; s'élever au-dessus de soi-même ; s'élancer par l'esprit jusques dans les régions célestes; parcourir à pas de Géant ainsi que le Soleil; la vaste étendue de l'Univers ; &, ce qui est encore plus grand & plus difficile, rentrer en soi pour y étudier l'homme & connoître sa nature, ses devoirs & sa fin. Toutes ces merveilles se sont renouvellées depuis peu de de Générations.

L'Europe étoit retombée dans la Barbarie des premiers âges. Les Peuples de cette Partie du Monde aujourd'hui si éclairée vivoient, il y a quelques siecles, dans un état pire que l'ignorance. Je ne sais quel jargon scientifique, encore plus méprisable que l'ignorance avoit usurpé le nom du savoir, & opposoit à son retour un obstacle presque invincible. Il falloit une revolution pour ramener les hommes au sens commun; elle vint enfin du côté d'où on l'auroit le moins attenduë. Ce fut le stupide Musulman, ce fut l'éternel fleau des Lettres qui les fit renaître parmi nous. La chute du Trône de Constantin porta dans l'Italie les débris

DISCOURS.

de l'ancienne Grece. La France s'enrichit à son tour de ces précieuses dépouilles. Bientôt les sciences suivirent les Lettres; à l'Art d'écrire se joignit l'Art de penser; gradation qui paroît étrange & qui n'est peut-être que trop naturelle; & l'on commença à sentir le principal avantage du commerce des muses, celui de rendre les hommes plus sociables en leur inspirant le desir de se plaire les uns aux autres par des ouvrages dignes de leur approbation mutuelle.

L'esprit a ses besoins, ainsi que le corps. Ceux-ci sont les fondemens de la société, les autres en font l'agrément. Tandis que le Gouvernement & les Loix pourvoient à la sûreté & au bien-être des hommes assemblés; les Sciences, les Lettres & les Arts, moins despotiques & plus puissans peut-être, étendent des guirlandes de fleurs sur

DISCOURS.

les chaînes de fer dont ils sont chargés, étouffent en eux le sentiment de cette liberté originelle pour laquelle ils sembloient être nés, leur font aimer leur esclavage & en forment ce qu'on appelle des Peuples policés. Le besoin éleva les Trônes; les Sciences & les Arts les ont affermis. Puissances de la Terre, aimez les talens, & protégez ceux qui les cultivent*. Peuples policés, cultivez-les : Heureux esclaves, vous leur devez ce goût délicat & fin dont vous vous piquez ; cette douceur

* Les Princes voyent toujours avec plaisir le goût des Arts agréables & des superfluités dont l'exportation de l'argent ne resulte pas, s'étendre parmi leurs sujets. Car outre qu'ils les nourrissent ainsi dans cette petitesse d'âme si propre à la servitude, ils savent très-bien que tous les besoins que le Peuple se donne, sont autant de chaînes dont il se charge. Alexandre, voulant maintenir les Ichtyophages dans sa dépendance, les contraignit de renoncer à la pêche & de se nourrir des alimens communs aux autres Peuples ; & les Sauvages de l'Amérique qui vont tout nuds & qui ne vivent que du produit de leur chasse, n'ont jamais pû être domptés. En effet, quel joug imposeroit-on à des hommes qui n'ont besoin de rien ?

de caractere & cette urbanité de mœurs qui rendent parmi vous le commerce si liant & si facile; en un mot, les apparences de toutes les vertus sans en avoir aucune.

C'est par cette sorte de politesse, d'autant plus aimable qu'elle affecte moins de se montrer, que se distinguerent autrefois Athénes & Rome dans les jours si vantés de leur magnificence & de leur éclat: c'est par elle, sans doute, que notre siécle & notre Nation l'emporteront sur tous les tems & sur tous les Peuples. Un ton philosophe sans pédanterie, des manieres naturelles & pourtant prévenantes, également éloignées de la rusticité Tudesque & de la Pantomime ultramontaine: Voilà les fruits du goût acquis par de bonnes études & perfectionné dans le commerce du Monde.

Qu'il seroit doux de vivre parmi

nous, si la contenance extérieure étoit toûjours l'image des dispositions du cœur; si la décence étoit la vertu; si nos maximes nous servoient de régles; si la véritable Philosophie étoit inséparable du titre de Philosophe ! Mais tant de qualités vont trop rarement ensemble, & la vertu ne marche guéres en si grande pompe. La richesse de la parure peut annoncer un homme opulent, & son élegance un homme de goût; l'homme sain & robuste se reconnoît à d'autres marques : c'est sous l'habit rustique d'un Laboureur, & non sous la dorure d'un Courtisan, qu'on trouvera la force & la vigueur du corps. La parure n'est pas moins étrangére à la vertu qui est la force & la vigueur de l'âme. L'homme de bien est un Athléte qui se plaît à combattre nud : Il méprise tous ces vils ornemens qui gêneroient l'usage de ses forces, &

DISCOURS.

dont la plus part n'ont été inventés que pour cacher quelque difformité.

Avant que l'Art eut façonné nos maniéres & appris à nos paſſions à parler un langage apprêté, nos mœurs étoient ruſtiques, mais naturelles; & la différence des procédés annonçoit au premier coup d'œil celle des caracteres. La nature humaine, au fond, n'étoit pas meilleure; mais les hommes trouvoient leur sécurité dans la facilité de se pénétrer reciproquement, & cet avantage, dont nous ne sentons plus le prix, leur épargnoit bien des vices.

Aujourd'hui que des recherches plus subtiles & un goût plus fin ont réduit l'Art de plaire en principes, il régne dans nos mœurs une vile & trompeuse uniformité, & tous les esprits semblent avoir été jettés dans un même moule: sans ceſſe la politeſſe exige, la bienséance ordonne: sans ceſſe on suit des usages, jamais son propre génie. On n'ose plus paroître ce qu'on est; & dans cette contrainte perpétuelle, les hommes qui forment ce troupeau qu'on appelle société, placés dans les mêmes circonstances, feront tous les mêmes choses si des motifs plus puissans ne les en détournent. On ne saura donc jamais bien à qui l'on a affaire : il faudra donc, pour connoître son ami, attendre les grandes occasions, c'est-à-dire, attendre qu'il n'en soit plus tems, puisque c'est pour ces occasions mêmes qu'il eut été essentiel de le connoître.

Quel cortége de vices n'accompagnera point cette incertitude? Plus d'amitiés sinceres; plus d'estime réelle; plus de confiance fondée. Les soupçons, les ombrages, les craintes, la froideur, la reserve, la haine, la trahison se cacheront sans cesse sous ce voile uniforme & perfide de politesse, sous cette urbanité si vantée que nous devons aux lumieres de notre siécle. On ne profanera plus par des juremens le nom du Maître de l'Univers, mais on l'insultera par des blasphêmes, sans que nos oreilles scrupuleuses en soient offensées. On ne vantera pas son propre mérite, mais on rabaissera celui d'autrui. On n'outragera point grossiérement son ennemi, mais on le calomniera avec adresse. Les haines nationnales s'éteindront, mais ce sera avec l'amour de la Patrie. A l'ignorance méprisée, on substituera un dangereux Pyrrhonisme. Il y aura des excès proscrits, des vices deshonorés, mais d'autres seront décorés du nom de vertus; il faudra ou les avoir ou les affecter. Vantera qui voudra la sobriété des Sages du tems, je n'y vois, pour moi, qu'un rafinement d'intemperance autant indigne de mon éloge que leur artificieuse simplicité*.

Telle est la pureté que nos mœurs ont acquise. C'est ainsi que nous sommes devenus Gens de biens. C'est aux Lettres, aux Sciences & aux Arts à revendiquer ce qui leur appartient dans un si salutaire ouvrage. J'ajoûterai seulement une réflexion ; c'est qu'un Habitant de quelques contrées éloignées qui chercheroit à se former une idée des mœurs Européennes sur l'état des Sciences parmi nous, sur la perfection de nos Arts, sur la bienséance de nos Spectacles, sur la politesse de nos manieres, sur l'affabilité de nos discours, sur nos démonstrations perpétuelles de bienveillance, & sur ce concours tu-

* *J'aime*, dit Montagne, *à contester & discourir, mais c'est avec peu d'hommes & pour moi. Car de servir de Spectacle aux Grands & faire à l'envi parade de son esprit & de son caquet, je trouve que c'est un métier très méséant à un homme d'honneur.* C'est celui de tous nos beaux-esprits, hors un.

multueux d'hommes de tout âge & de tout état qui semblent empressés depuis le lever de l'Aurore jusqu'au coucher du Soleil à s'obliger réciproquement; c'est que cet Etranger, dis-je, devineroit exactement de nos mœurs le contraire de ce qu'elles sont.

Où il n'y a nul effet, il n'y a point de cause à chercher : mais ici l'effet est certain, la dépravation réelle, & nos ames se sont corrompuës a mesure que que nos Sciences & nos Arts se sont avancés à la perfection. Dira-t-on que c'est un malheur particulier à nôtre âge? Non, Messieurs; les maux causés par notre vaine curiosité sont aussi vieux que le monde. L'élévation & l'abbaissement journalier des eaux de l'Ocean n'ont pas été plus régulierement assujetis au cours de l'Astre qui nous éclaire durant la nuit, que le sort des mœurs & de la probité au progrès des Scien-

DISCOURS.

ces & des Arts. On a vu la vertu s'enfuir à mesure que leur lumiere s'élevoit sur notre horizon, & le même phénoméne s'est observé dans tous les tems & dans tous les lieux.

Voyez l'Egypte, cette premiere école de l'Univers, ce climat si fertile sous un ciel d'airain, cette contrée célébre, d'où Sesostris partit autrefois pour conquerir le Monde. Elle devient la mere de la Philosophie & des beaux Arts, & bien-tôt après, la conquête de Cambise, puis celle des Grecs, des Romains, des Arabes, & enfin des Turcs.

Voyez la Grèce, jadis peuplée de Heros qui vainquirent deux fois l'Asie, l'une devant Troye & l'autre dans leurs propres foyers. Les Lettres naissantes n'avoient point porté encore la corruption dans les cœurs de ses Habitans; mais le progrès des Arts, la dissolution des mœurs & le joug du Macedonien se suivirent de près; & la Gréce, toujours savante, toujours voluptueuse, & toujours esclave n'éprouva plus dans ses révolutions que des changemens de maîtres. Toute l'éloquence de Démosthéne ne put jamais ranimer un corps que le luxe & les Arts avoient enervé.

C'est au tems des Ennius & des Térences que Rome, fondée par un Pâtre, & illustrée par des Laboureurs, commence à dégénérer. Mais après les Ovides, les Catulles, les Martials, & cette foule d'Auteurs obscénes, dont les noms seuls allarment la pudeur, Rome, jadis le Temple de la Vertu, devient le Theâtre du crime, l'opprobre des Nations & le joüet des barbares. Cette Capitale du Monde tombe enfin sous le joug qu'elle avoit imposé à tant de Peuples, & le jour de sa chute fut la veille de celui où l'on donna à l'un de ses Citoyens le titre d'Arbitre du bon goût.

Que dirai-je de cette Métropole de l'Empire d'Orient, qui par sa position, sembloit devoir l'être du Monde entier, de cet azile des Sciences & des Arts proscrits du reste de l'Europe, plus peut-être par sagesse que par barbarie. Tout ce que la débauche & la corruption ont de plus honteux; les trahisons, les assassinats & les poisons de plus noir; le concours de tous les crimes de plus atroce; voilà ce qui forme le tissu de l'Histoire de Constantinople; voilà la source pure d'où nous sont émanées les Lumieres dont notre siécle se glorifie.

Mais pourquoi chercher dans des tems reculés des preuves d'une vérité dont nous avons sous nos yeux des témoignages subsistans. Il est en Asie une contrée immense où les Lettres hono-

rées

rées conduisent aux prémiéres dignités de l'Etat. Si les Sciences épuroient les mœurs, si elles apprenoient aux hommes à verser leur sang pour la Patrie; si elles animoient le courage; les Peuples de la Chine devroient être sages, libres & invincibles. Mais s'il n'y a point de vice qui ne les domine, point de crime qui ne leur soit familier; si les lumieres des Ministres, ni la prétendue sagesse des Loix, ni la multitude des Habitans de ce vaste Empire n'ont pû le garantir du joug du Tartare ignorant & grossier; dequoi lui ont servi tous ses Savans? Quel fruit a-t-il retiré des honneurs dont ils sont comblés? seroit-ce d'être peuplé d'esclaves & de méchans?

Opposons à ces tableaux celui des mœurs du petit nombre de Peuples qui, préservés de cette contagion des vaines

B

connoissances ont par leurs vertus fait leur propre bonheur & l'exemple des autres Nations. Tels furent les premiers Perses, Nation singuliere chez laquelle on apprenoit la vertu comme chez nous on apprend la Science; qui subjugua l'Asie avec tant de facilité, & qui seule a eu cette gloire que l'histoire de ses institutions ait passé pour un Roman de Philosophie : Tels furent les Scthes, dont on nous a laissé de si magnifiques éloges : Tels les Germains, dont une plume, lasse de tracer les crimes & les noirceurs d'un Peuple instruit, opulent & voluptueux, se soulageoit à peindre la simplicité, l'innocence & les vertus. Telle avoit été Rome même dans les tems de sa pauvreté & de son ignorance. Telle enfin s'est montrée jusqu'à nos jours cette nation rustique si vantée pour son courage que l'adverſité n'a pu abbatre, & pour ſa ſidelité que l'exemple n'a pu corrompre.*

Ce n'eſt point par ſtupidité que ceux-ci ont préféré d'autres exercices à ceux de l'eſprit. Ils n'ignoroient pas que dans d'autres contrées des hommes oiſifs paſſoient leur vie à diſputer ſur le ſouverain bien, ſur le vice & ſur la vertu, & que d'orgueilleux raiſonneurs, ſe donnant à eux-mêmes les plus grands éloges, confondoient les autres Peuples ſous le nom mepriſant de barbares; mais ils ont conſidéré leurs

* Je n'oſe parler de ces Nations heureuſes qui ne connoiſſent pas même de nom les vices que nous avons tant de peine à réprimer, de ces ſauvages de l'Amerique dont Montagne ne balance point à préférer la ſimple & naturelle police, non-ſeulement aux Loix de Platon, mais même à tout ce que la Philoſophie pourra jamais imaginer de plus parfait pour le gouvernement des Peuples. Il en cite quantité d'exemples frappans pour qui les ſauroit admirer : Mais quoi ! dit-il, ils ne portent point de chauſſes !

mœurs & appris à dédaigner leur doctrine.*

Oublierois-je que ce fut dans le sein même de la Gréce qu'on vit s'élever cette Cité aussi célebre par son heureuse ignorance que par la sagesse de ses Loix, cette République de demi-Dieux plutôt que d'hommes? tant leurs vertus sembloient supérieures à l'humanité. O Sparte ! opprobre éternel d'une vaine doctrine ! Tandis que les vices conduits par les beaux Arts s'introduisoient ensemble dans Athénes,

* De bonne foi, qu'on me dise quelle opinion les Atheniens mêmes devoient avoir de l'éloquence, quand ils l'écarterent avec tant de soin de ce Tribunal intégre des Jugemens, duquel les Dieux mêmes n'appelloient pas? Que pensoient les Romains de la médecine, quand ils la bannirent de leur République? Et quand un reste d'humanité porta les Espagnols à interdire à leurs Gens de-Loi l'entrée de l'Amerique, quelle idée falloit-il qu'ils eussent de la Jurisprudence? Ne diroit-on pas qu'ils ont cru réparer par ce seul Acte tous les maux qu'ils avoient faits à ces malheureux Indiens.

tandis qu'un Tyran y rassembloit avec tant de soin les ouvrages du Prince des Poëtes, tu chassois de tes murs les Arts & les Artistes, les Sciences & les Savans.

L'événement marqua cette différence. Athénes devint le séjour de la politesse & du bon goût, le païs des Orateurs & des Philosophes. L'élégance des Bâtimens y répondoit à celle du langage. On y voyoit de toutes parts le marbre & la toile animés par les mains des Maîtres les plus habiles. C'est d'Athénes que sont sortis ces ouvrages surprenans qui serviront de modéles dans tous les âges corrompus. Le Tableau de Lacedemone est moins brillant. *Là*, disoient les autres Peuples, *les hommes naissent vertueux, & l'air même du Païs semble inspirer la vertu.* Il ne nous reste de ses Habitans que la mémoire de leurs actions héroïques. De tels monumens vaudroient-ils moins pour nous que les marbres curieux qu'Athenes nous a laissés ?

Quelques sages, il est vrai, ont resisté au torrent général & se sont garantis du vice dans le séjour des Muses. Mais qu'on écoute le jugement que le prémier & le plus malheureux d'entre eux portoit des Savans & des Artistes de son tems.

» J'ai examiné, dit-il, les Poëtes,
» & je les regarde comme des gens
» dont le talent en impose à eux-mê-
» me & aux autres, qui se donnent
» pour sages, qu'on prend pour tels &
» qui ne sont rien moins.

» Des Poëtes, continue Socrate,
» j'ai passé aux Artistes. Personne n'i-
» gnoroit plus les Arts que moi ; per-
» sonne n'étoit plus convaincu que les
» Artistes possédoient de fort beaux

» secrets. Cependant, je me suis ap-
» perçu que leur condition n'est pas
» meilleure que celle des Poëtes &
» qu'ils sont, les uns & les autres, dans
» le même préjugé. Parce que les plus
» habiles d'entre eux excellent dans
» leur Partie, ils se regardent comme
» les plus sages des hommes. Cette
» présomption a terni tout-à-fait leur sa-
» voir à mes yeux : De sorte que me
» mettant à la place de l'Oracle & me
» demandant ce que j'aimerois le mieux
» être, ce que je suis ou ce qu'ils sont,
» savoir ce qu'ils ont appris ou savoir
» que je ne sais rien ; j'ai répondu à
» moi-même & au Dieu : Je veux res-
» ter ce que je suis.

» Nous ne savons, ni les Sophistes,
» ni les Poëtes, ni les Orateurs, ni les
» Artistes ni moi, ce que c'est que le
» vrai, le bon & le beau : Mais il y a en-
» tre nous cette différence, que,

B iiij

» quoique ces gens ne sachent rien ;
» tous croyent savoir quelque chose :
» Au lieu que moi, si je ne sais rien,
» au moins je n'en suis pas en doute.
» De sorte que toute cette superiorité
» de sagesse qui m'est accordée par
» l'Oracle, se reduit seulement à être
» bien convaincu que j'ignore ce que je
» ne sais pas.

Voilà donc le plus Sage des hommes au Jugement des Dieux, & le plus savant des Atheniens au sentiment de la Grèce entiére, Socrate faisant l'Eloge de l'ignorance ! Croit-on que s'il ressuscitoit parmi nous, nos Savans & nos Artistes lui feroient changer d'avis ? Non, Messieurs, cet homme juste continueroit de mépriser nos vaines Sciences ; il n'aideroit point à grossir cette foule de livres dont on nous inonde de toutes parts ; & ne laisseroit, comme il a fait, pour tout precepte à

DISCOURS.

ſes diſciples & à nos Neveux, que l'exemple & la mémoire de ſa vertu. C'eſt ainſi qu'il eſt beau d'inſtruire les hommes!

Socrate avoit commencé dans Athènes, le vieux Caton continua dans Rome de ſe déchaîner contre ces Grecs artificieux & ſubtils qui ſéduiſoient la vertu & amolliſſoient le courage de ſes concitoyens : Mais les Sciences, les Arts & la dialectique prévalurent encore : Rome ſe remplit de Philoſophes & d'Orateurs ; on négligea la diſcipline militaire, on mépriſa l'agriculture, on embraſſa des Sectes & l'on oublia la Patrie. Aux noms ſacrés de liberté, de deſintéreſſement, d'obeïſſance aux Loix, ſuccederent les noms d'Epicure, de Zenon, d'Arceſilas. *Depuis que les Sçavans ont commencé à paroître parmi nous*, diſoient leurs propres Philoſophes, *les Gens de bien ſe ſont éclipſés.*

Jusqu'alors les Romains s'étoient contentés de pratiquer la vertu; tout fut perdu quand ils commencerent à l'étudier.

O Fabricius ! qu'eut pensé votre grande âme, si pour votre malheur rappellé à la vie, vous eussiez vu la face pompeuse de cette Rome sauvée par votre bras & que votre nom respectable avoit plus illustrée que toutes ses conquêtes ? »Dieux! eussiez-vous dit, que
» sont devenus ces toits de chaume
». & ces foyers rustiques qu'habitoient
» jadis la modération & la vertu? Quelle
» le splendeur funeste a succedé à la
» simplicité Romaine? Quel est ce
» langage étranger? Quelles sont ces
» mœurs efféminées?Que signifient ces
» statues, ces Tableaux, ces édifices ?
» Insensés, qu'avez-vous fait ? Vous
» les Maîtres des Nations, vous vous
» êtes rendus les esclaves des hommes

» frivoles que vous avez vaincus ? Ce
» sont des Rhéteurs qui vous gouver-
» nent ? C'est pour enrichir des Ar-
» chitectes, des Peintres, des Statuai-
» res & des Histrions, que vous avez
» arrosé de vôtre sang la Gréce &
» l'Asie ? Les dépouilles de Carthage
» sont la proie d'un joüeur de flûte ?
» Romains, hâtez-vous de renverser
» ces Amphithéâtres ; brisez ces mar-
» bres ; brûlez ces tableaux ; chassez
» ces esclaves qui vous subjuguent, &
» dont les funestes arts vous corrom-
» pent. Que d'autres mains s'illustrent
» par de vains talens ; le seul talent di-
» gne de Rome, est celui de conqué-
» rir le monde & d'y faire régner la
» vertu. Quand Cyneas prit notre Sé-
» nat pour une Assemblée de Rois, il
» ne fut ébloüi ni par une pompe vai-
» ne, ni par une élégance recherchée.
» Il n'y entendit point cette éloquen-

« ce frivole, l'étude & le charme des
» hommes futiles. Que vit donc Cy-
» neas de si majestueux ? O Citoyens !
» Il vit un spectacle que ne donneront
» jamais vos richesses ni tous vos arts ;
» le plus beau spectacle qui ait jamais
» paru sous le ciel, l'Assemblée de
» deux cens hommes vertueux, di-
» gnes de commander à Rome & de
» gouverner la terre ».

Mais franchissons la distance des lieux & des tems, & voyons ce qui s'est passé dans nos contrées & sous nos yeux ; ou plutôt, écartons des peintures odieuses qui blesseroient notre délicatesse, & épargnons-nous la peine de répéter les mêmes choses sous d'autres noms. Ce n'est point en vain que j'évoquois les mânes de Fabricius ; & qu'ai-je fait dire à ce grand homme, que je n'eusse pu mettre dans la bouche de Louis XII ou de Henri IV ?

DISCOURS.

Parmi nous, il est vrai, Socrate n'eût point bû la ciguë ; mais il eût bû dans une coupe encore plus amere, la raillerie insultante, & le mépris pire cent fois que la mort.

Voilà comment le luxe, la dissolution & l'esclavage ont été de tout tems le châtiment des efforts orgueilleux que nous avons faits pour sortir de l'heureuse ignorance où la sagesse éternelle nous avoit placés. Le voile épais dont elle a couvert toutes ses opérations, sembloit nous avertir assez qu'elle ne nous a point destinés à de vaines recherches. Mais est-il quelqu'une de ses leçons dont nous ayons sû profiter, ou que nous ayons négligée impunément ? Peuples, sachez donc une fois que la nature a voulu vous préserver de la science, comme une mere arrache une arme dangereuse des mains de son enfant ; que tous les secrets qu'elle vous cache font autant de maux dont elle vous garantit, & que la peine que vous trouvez à vous inſtruire n'eſt pas le moindre de ſes bienfaits. Les hommes ſont pervers; ils ſeroient pires encore, s'ils avoient eu le malheur de naître ſavans.

Que ces réflexions ſont humiliantes pour l'humanité! que notre orgueil en doit être mortifié! Quoi! la probité ſeroit fille de l'ignorance? La ſcience & la vertu ſeroient incompatibles? Quelles conſéquences ne tireroit-on point de ces préjugés? Mais pour concilier ces contrariétés apparentes, il ne faut qu'examiner de près la vanité & le néant de ces titres orgueilleux qui nous éblouïſſent, & que nous donnons ſi gratuitement aux connoiſſances humaines. Conſidérons donc les Sciences & les Arts en eux-mêmes. Voyons ce qui doit réſulter de leur progrès; & ne

DISCOURS.

balançons plus à convenir de tous les points où nos raisonnemens se trouveront d'accord avec les inductions historiques.

SECONDE PARTIE.

C'Etoit une ancienne tradition passée de l'Egypte en Gréce, qu'un Dieu ennemi du repos des hommes, étoit l'inventeur des sciences *. Quelle opinion falloit-il donc qu'eussent d'elles les Egyptiens mêmes, chez qui elles étoient nées ? C'est qu'ils voyoient de près les sources qui les avoient pro-

* On voit aisément l'allégorie de la fable de Prométhée; & il ne paroît pas que les Grecs qui l'ont cloué sur le Caucase, en pensassent gueres plus favorablement que les Egyptiens de leur Dieu Teuthus. ,, Le satyre, dit une ancienne fable, voulut baiser & ,, embrasser le feu, la premiere fois qu'il le vit ; mais ,, Prometheus lui cria : Satyre, tu pleureras la barbe ,, de ton menton, car il brûle quand on y touche ,,. C'est le sujet du frontispice.

duites. En effet, soit qu'on feuillette les annales du monde, soit qu'on supplée à des chroniques incertaines par des recherches philosophiques, on ne trouvera pas aux connoissances humaines une origine qui réponde à l'idée qu'on aime à s'en former. L'Astronomie est née de la superstition; l'Eloquence, de l'ambition, de la haine, de la flatterie, du mensonge; la Géométrie, de l'avarice; la Physique, d'une vaine curiosité; toutes, & la Morale même, de l'orgueil humain. Les Sciences & les Arts doivent donc leur naissance à nos vices: nous serions moins en doute sur leurs avantages, s'ils la devoient à nos vertus.

Le défaut de leur origine ne nous est que trop retracé dans leurs objets. Que ferions-nous des Arts, sans le luxe qui les nourrit? Sans les injustices des hommes, à quoi serviroit la
Juris-

Jurisprudence ? Que deviendroit l'Histoire, s'il n'y avoit ni Tyrans, ni Guertes, ni Conspirateurs ? Qui voudroit en un mot passer sa vie à de stériles contemplations, si chacun ne consultant que les devoirs de l'homme & les besoins de la nature, n'avoit de tems que pour la Patrie, pour les malheureux & pour ses amis ? Sommes-nous donc faits pour mourir attachés sur les bords du puits où la vérité s'est retirée ? Cette seule réflexion devroit rebuter dès les premiers pas tout homme qui chercheroit sérieusement à s'instruire par l'étude de la Philosophie.

Que de dangers ! que de fausses routes dans l'investigation des Sciences ? Par combien d'erreurs, mille fois plus dangereuses que la vérité n'est utile, ne faut-il point passer pour arriver à elle ? Le désavantage est visible ; car le faux est susceptible d'une infinité de combinaiſons ; mais la vérité n'a qu'une manière d'être. Qui eſt-ce d'ailleurs, qui la cherche bien ſincérement ? même avec la meilleure volonté, à quelles marques eſt-on ſûr de la reconnoître ? Dans cette foule de ſentimens différens, quel ſera notre *Criterium* pour en bien juger * ? Et ce qui eſt le plus difficile, ſi par bonheur nous la trouvons à la fin, qui de nous en ſaura faire un bon uſage ?

Si nos ſciences ſont vaines dans l'objet qu'elles ſe propoſent, elles ſont encore plus dangereuſes par les effets qu'elles produiſent. Nées dans l'oiſiveté, elles la nourriſſent à leur tour ; & la perte irréparable du tems, eſt le

* Moins on ſait, plus on croit ſavoir. Les Péripatéticiens doutoient-ils de rien ? Deſcartes n'a-t-il pas conſtruit l'Univers avec des cubes & des tourbillons ? Et y a-t-il aujourd'hui même, en Europe ſi mince Phiſicien, qui n'explique hardiment ce profond myſtère de l'électricité, qui ſera peut-être à jamais le déſeſpoir des vrais Philoſophes ?

premier préjudice qu'elles causent nécessairement à la société. En politique, comme en morale, c'est un grand mal que de ne point faire de bien ; & tout citoyen inutile peut être regardé comme un homme pernicieux. Répondez-moi donc, Philosophes illustres ; vous par qui nous savons en quelles raisons les corps s'attirent dans le vuide ; quels sont, dans les révolutions des planettes, les rapports des aires parcourues en tems égaux ; quel courbes ont des points conjugués, des points d'inflexion & de rebroussement ; comment l'homme voit tout en Dieu ; comment l'ame & le corps se correspondent sans communication, ainsi que feroient deux horloges ; quels astres peuvent être habités ; quels insectes se reproduisent d'une manière extraordinaire ? Répondez-moi, dis-je, vous de qui nous avons reçu tant de sublimes connoissances; quand vous ne nous auriez jamais rien appris de ces choses, en serions-nous moins nombreux, moins bien gouvernés, moins redoutables, moins florissans ou plus pervers ? Revenez donc sur l'importance de vos productions; & si les travaux des plus éclairés de nos savans & de nos meilleurs Citoyens nous procurent si peu d'utilité, dites-nous ce que nous devons penser de cette foule d'Ecrivains obscurs & de Lettrés oisifs, qui dévorent en pure perte la substance de l'Etat.

Que dis-je; oisifs ? & plût-à-Dieu qu'ils le fussent en effet ! Les mœurs en seroient plus saines & la société plus paisible. Mais ces vains & futiles déclamateurs vont de tous côtés, armés de leurs funestes paradoxes; sapant les fondemens de la foi, & anéantissant la vertu. Ils sourient dédaigneusement à cès vieux mots de Patrie & de Religion, & consacrent leurs talens & leur Philosophie à détruire & avilir tout ce qu'il y a de sacré parmi les hommes. Non qu'au fond ils haïssent ni la vertu ni nos dogmes; c'est de l'opinion publique qu'ils sont ennemis; & pour les ramener aux pieds des autels, il suffiroit de les reléguer parmi les Athées. O fureur de se distinguer, que ne pouvez-vous point?

C'est un grand mal que l'abus du tems. D'autres maux pires encore suivent les Lettres & les Arts. Tel est le luxe, né comme eux de l'oisiveté & de la vanité des hommes. Le luxe va rarement sans les sciences & les arts, & jamais ils ne vont sans lui. Je sai que notre Philosophie, toujours féconde en maximes singuliéres, prétend, contre l'expérience de tous les siécles, que le luxe fait la splendeur des Etats ; mais après avoir oublié la nécessité des loix somptuaires, osera-t-elle nier encore que les bonnes mœurs ne soient essentielles à la durée des Empires, & que le luxe ne soit diaméttalement opposé aux bonnes mœurs ? Que le luxe soit un signe certain des richesses ; qu'il serve même si l'on veut à les multiplier : Que faudra-t-il conclure de ce paradoxe si digne d'être né de nos jours ; & que deviendra la vertu, quand il faudra s'enrichir à quelque prix que ce soit ? Les anciens Politiques parloient sans cesse de mœurs & de vertu ; les nôtres ne parlent que de commerce & d'argent. L'un vous dira qu'un homme vaut en telle contrée la somme qu'on le vendroit à Alger ; un autre en suivant ce calcul trouvera des pays où un homme ne vaut rien, & d'autres où il vaut moins que rien. Ils évaluent les hommes comme des troupeaux de bétail. Selon eux, un homme ne vaut à l'Etat que la consommation qu'il y fait. Ainsi un Sybarite auroit bien valu trente Lacédémoniens. Qu'on devine donc laquelle de ces deux Républiques, de Sparte ou de Sybaris, fut subjuguée par une poignée de paysans, & laquelle fit trembler l'Asie.

La Monarchie de Cyrus a été conquise avec trente mille hommes par un Prince plus pauvre que le moindre des Satrapes de Perse; & les Scithes, le plus misérable de tous les Peuples, a résisté aux plus puissans Monarques de l'Univers. Deux fameuses Républiques se disputèrent l'Empire du Monde ; l'une étoit très-riche ; l'autre n'avoit rien, & ce fut celle-ci qui détruisit l'autre. L'Empire Romain à son tour, après avoir englouti toutes les richesses de l'Univers fut la proye de gens qui ne savoient pas même ce que c'étoit que richesse. Les Francs conquirent les Gaules, les Saxons l'Angleterre sans autres tresors que leur bravoure & leur pauvreté. Une troupe de pauvres Montagnards dont toute l'avidité se bornoit à quelques peaux de moutons, après avoir dompté la fierté Autrichienne, écrasa cette opulente & redoutable Maison de Bourgogne qui faisoit trembler les Potentats de l'Europe. Enfin toute la puissance & toute la sagesse de l'héritier de Charles-quint, soutenuës de tous les tresors des Indes, vinrent se briser contre une poignée de pécheurs de harang. Que nos politiques daignent suspendre leurs calculs pour refléchir à ces exemples, & qu'ils apprennent une fois qu'on a de tout avec de l'argent, hormis des mœurs & des Citoyens.

Dequoi s'agit-il donc précisément dans cette question du luxe. De savoir lequel importe le plus aux Empires d'être brillans & momentanés, ou vertueux & durables. Je dis brillans, mais de quel éclat ? Le goût du faste ne s'associe guéres dans les mêmes ames avec celui de l'honnête. Non, il n'est pas possible que des Esprits dégradés par une multitude de soins futiles s'élévent jamais à rien de grand; & quand ils en auroient la force, le courage leur manqueroit.

Tout Artiste veut être applaudi. Les éloges de ses contemporains sont la partie la plus précieuse de sa récompense. Que fera-t-il donc pour les obtenir, s'il a le malheur d'être né chez un Peuple & dans des tems où les Savans devenus à la mode ont mis une jeunesse frivole en état de donner le ton; où les hommes ont sacrifié leur goût aux Tyrans de leur liberté *; où

* Je suis bien éloigné de penser que cet ascendant des femmes soit un mal en soi. C'est un présent que leur

l'un des séxes n'osant approuver que ce qui est proportionné à la pusillanimité de l'autre, on laisse tomber des chefs d'œuvres de Poësie dramatique, & des prodiges d'harmonie sont rebutés ? Ce qu'il fera, Messieurs ? Il rabaissera son genie au niveau de son siécle, & aimera mieux composer des ouvrages communs qu'on admire pendant sa vie, que des merveilles qu'on n'admireroit que longtems après sa mort. Dites-nous, célébre Aroüet, combien vous avez sacrifié de beautés males & fortes à nô-

---

a fait la nature pour le bonheur du Genre-humain : mieux dirigé, il pourroit produire autant de bien qu'il fait de mal aujourd'hui. On ne sent point assés quels avantages naitroient dans la societé d'une meilleure éducation donnée à cette moitié du Genre-humain qui gouverne l'autre. Les hommes seront toûjours ce qu'il plaira aux femmes : si vous voulez donc qu'ils deviennent grands & vertueux, apprenez aux femmes ce que c'est que grandeur d'âme & vertu. Les reflexions que ce sujet fournit, & que Platon a faites autrefois, mériteroient fort d'être mieux developées par une plume digne d'écrire d'après un tel maître & de défendre une si grande cause.

tre fausse délicatesse, & combien l'esprit de la galanterie si fertile en petites choses vous en a coûté de grandes.

C'est ainsi que la dissolution des mœurs, suite necessaire du luxe, entraîne à son tour la corruption du goût. Que si par hazard entre les hommes extraordinaires par leurs talents, il s'en trouve quelqu'un qui ait de la fermeté dans l'âme & qui refuse de se prêter au genie de son siécle & de s'avilir par des productions pueriles, malheur à lui ! Il mourra dans l'indigence & dans l'oubli. Que n'est-ce ici un prognostic que je fais & non une expérience que je rapporte ! Carle, Pierre; le moment est venu où ce pinceau destiné à augmenter la majesté de nos Temples par des images sublimes & saintes, tombera de vos mains, ou sera prostitué à orner de peintures lascives les paneaux d'un vis-à-vis. Et toi, rival des Praxiteles & des

Phidias; toi dont les anciens auroient employé le ciseau à leur faire des Dieux capables d'excuser à nos yeux leur idolatrie; inimitable Pigal, ta main se resoudra à ravaller le ventre d'un magot, ou il faudra qu'elle demeure oisive.

On ne peut réfléchir sur les mœurs, qu'on ne se plaise à se rappeller l'image de la simplicité des premiers tems. C'est un beau rivage, paré des seules mains de la nature, vers lequel on tourne incessamment les yeux, & dont on se sent éloigner à regret. Quand les hommes innocens & vertueux aimoient à avoir les Dieux pour témoins de leurs actions, ils habitoient ensemble sous les mêmes cabanes; mais bien-tôt devenus méchans, ils se lasserent de ces incommodes spectateurs & les releguerent dans des Temples magnifiques. Ils les en chasserent enfin pour s'y établir eux-mêmes, ou du moins

DISCOURS. 45

les Temples des Dieux ne se distinguérent plus des maisons des citoyens. Ce fut alors le comble de la dépravation ; & les vices ne furent jamais poussés plus loin que quand on les vit, pour ainsi dire, soutenus à l'entrée des Palais des Grands sur des colonnes de marbres, & gravés sur des chapiteaux Corinthiens.

Tandis que les commodités de la vie se multiplient, que les arts se perfectionnent & que le luxe s'étend ; le vrai courage s'énerve, les vertus militaires s'évanouissent, & c'est encore l'ouvrage des sciences & de tous ces arts qui s'exercent dans l'ombre du cabinet. Quand les Gots ravagerent la Gréce, toutes les Bibliothéques ne furent sauvées du feu que par cette opinion semée par l'un d'entre eux, qu'il falloit laisser aux ennemis des meubles si propres à les détourner de l'exercice militaire & à les amuser à des occupations oisives & sédentaires. Charles VIII. se vit maître de la Toscane & du Royaume de Naples sans avoir presque tiré l'épée; & toute sa Cour attribua cette facilité inespérée à ce que les Princes & la Noblesse d'Italie s'amusoient plus à se rendre ingénieux & savans, qu'ils ne s'exerçoient à devenir vigoureux & guerriers. En effet, dit l'homme de sens qui rapporte ces deux traits, tous les exemples nous apprennent qu'en cette martiale police & en toutes celles qui lui sont semblables, l'étude des sciences est bien plus propre à amollir & efféminer les courages, qu'à les affermir & les animer.

Les Romains ont avoué que la vertu militaire s'étoit éteinte parmi eux, à mesure qu'ils avoient commencé à se connoître en Tableaux, en Gravures, en vases d'Orphévrerie, & à cultiver les

DISCOURS.

beaux arts; & comme si cette contrée fameuse étoit destinée à servir sans cesse d'exemple aux autres peuples, l'élévation des Médicis & le rétablissement des Lettres ont fait tomber derechef & peut être pour toûjours cette réputation guerriére que l'Italie sembloit avoir recouvrée il y a quelques siécles.

Les anciennes Républiques de la Gréce avec cette sagesse qui brilloit dans la plûpart de leurs institutions avoient interdit à leurs Citoyens tous ces métiers tranquilles & sédentaires qui en affaissant & corrompant le corps, énervent si-tôt la vigueur de l'âme. De quel œil, en effet, pense-t-on que puissent envisager la faim, la soif, les fatigues, les dangers & la mort, des hommes que le moindre besoin accable, & que la moindre peine rebutte. Avec quel courage les soldats supporteront-ils des travaux excessifs dont ils n'ont aucune habitude ? Avec quelle ardeur feront-ils des marches forcées sous des Officiers qui n'ont pas même la force de voyager à cheval ? Qu'on ne m'objecte point la valeur renommée de tous ces modernes guerriers si savamment disciplinés. On me vante bien leur bravoure en un jour de bataille, mais on ne me dit point comment ils supportent l'excès du travail, comment ils resistent à la rigueur des saisons & aux intempéries de l'air. Il ne faut qu'un peu de soleil ou de neige, il ne faut que la privation de quelques superfluités pour fondre & détruire en peu de jours la meilleure de nos armées. Guerriers intrépides, souffrez une fois la vérité qu'il vous est si rare d'entendre; vous êtes braves, je le sais; vous eussiez triomphé avec Annibal à Cannes & à Trasiméne; Cesar avec vous eut passé le Rubicon & asservi son païs; mais ce n'est point

point avec vous que le premier eût traversé les Alpes, & que l'autre eût vaincu vos ayeux.

Les combats ne font pas toujours le succès de la guerre, & il est pour les Généraux un art supérieur à celui de gagner des batailles. Tel court au feu avec intrépidité, qui ne laisse pas d'être un très-mauvais officier : dans le soldat même, un peu plus de force & de vigueur seroit peut-être plus nécessaire que tant de bravoure qui ne le garantit pas de la mort ; & qu'importe à l'Etat que ses troupes périssent par la fièvre & le froid, ou par le fer de l'ennemi.

Si la culture des sciences est nuisible aux qualités guerrières, elle l'est encore plus aux qualités morales. C'est dès nos premieres années qu'une éducation insensée orne notre esprit & corrompt notre jugement. Je vois de toutes parts des établissemens immenses, où l'on

D

éleve à grands frais la jeunesse pour lui apprendre toutes choses, excepté ses devoirs. Vos enfans ignoreront leur propre langue, mais ils en parleront d'autres qui ne sont en usage nulle part : ils sauront composer des Vers qu'à peine ils pourront comprendre : sans savoir démêler l'erreur de la vérité, ils posséderont l'art de les rendre méconnoissables aux autres par des argumens spécieux : mais ces mots de magnanimité, d'équité, de tempérance, d'humanité, de courage, ils ne sauront ce que c'est ; ce doux nom de Patrie ne frapera jamais leur oreille ; & s'ils entendent parler de Dieu, ce sera moins pour le craindre que pour en avoir peur*. J'aimerois autant, disoit un Sage, que mon écolier eût passé le tems dans un Jeu de Paume, au moins le corps en seroit plus dispos. Je sais

* Pens. Philosoph.

DISCOURS.

qu'il faut occuper les enfans, & que l'oisiveté est pour eux le danger le plus à craindre. Que faut-il donc qu'ils apprennent ? Voilà certes une belle question ! Qu'ils apprennent ce qu'ils doivent faire étant hommes*; & non ce qu'ils doivent oublier.

---

* Telle étoit l'éducation des Spartiates, au rapport du plus grand de leurs Rois. C'est, dit Montagne, chose digne de très-grande considération, qu'en cette excellente police de Lycurgus, & à la vérité monstrueuse par sa perfection, si soigneuse pourtant de la nourriture des enfans, comme de sa principale charge, & au gite même des Muses, il s'y fasse si peu mention de la doctrine : comme si cette généreuse jeunesse dédaignant tout autre joug, on ait dû lui fournir, au lieu de nos Maitres de science, seulement des Maitres de vaillance, prudence, & justice.

Voyons maintenant comment le même Auteur parle des anciens Perses. Platon, dit-il, raconte que le fils aîné de leur succession Royale étoit ainsi nourri. Après sa naissance, on le donnoit, non à des femmes, mais à des Eunuques de la première autorité près du Roi, à cause de leur vertu. Ceux-ci prenoient charge de lui rendre le corps beau & sain, & après sept ans le duisoient à monter à cheval & aller à la chasse. Quand il étoit arrivé au quatorsième, ils le déposoient entre les mains de quatre : le plus sage, le plus juste, le plus tempérant, le plus vaillant de la Nation. Le premier lui apprenoit la Religion : le second à être

D ij

DISCOURS.

Nos jardins font ornés de ſtatuës & nos Galeries de tableaux. Que penſeriez-vous que repréſentent ces chefs-d'œuvres de l'art expoſés à l'admiration publique ? Les défenſeurs de la Patrie ? ou ces hommes plus grands encore qui l'ont enrichie par leurs vertus ? Non. Ce ſont des images de tous les égaremens du cœur & de la raiſon, tirées ſoigneuſement de l'ancienne My-

toûjours véritable, le tiers à vaincre ſes cupidités, le quart à ne rien craindre. Tous, ajoûterai-je, à le rendre bon, aucun à le rendre ſavant.

Aſtyage, en Xenophon, demande à Cyrus compte de ſa dernière Leçon : C'eſt, dit-il, qu'en notre école un grand garçon ayant un petit ſaye le donna à l'un de ſes compagnons de plus petite taille, & lui ôta ſon ſaye qui étoit plus grand. Notre Précepteur m'ayant fait juge de ce différent, je jugeai qu'il falloit laiſſer les choſes en cet état, & que l'un & l'autre ſembloit être mieux accommodé en ce point. Surquoi il me remontra que j'avois mal fait : car je m'étois arrêté à conſidérer la bienſéance ; & il falloit premierement avoir pourvû à la juſtice, qui vouloit que nul ne fut forcé en ce qui lui appartenoit. Et dit qu'il en fut puni, comme on nous punit en nos villages pour avoir oublié le premier aoriſte de τύπτω. Mon Régent me feroit une belle harangue, *in genere demonſtrativo*, avant qu'il me perſuadât que ſon école vaut celle-là.

thologie, & présentées de bonne heure à la curiosité de nos enfans ; sans doute afin qu'ils ayent sous leurs yeux des modéles de mauvaises actions, avant même que de savoir lire.

D'où naissent tous ces abus, si ce n'est de l'inégalité funeste introduite entre les hommes par la distinction des talens & par l'avilissement des vertus ? Voilà l'effet le plus évident de toutes nos études, & la plus dangereuse de toutes leurs conséquences. On ne demande plus d'un homme s'il a de la probité, mais s'il a des talens ; ni d'un Livre s'il est utile, mais s'il est bien écrit. Les récompenses sont prodiguées au bel esprit, & la vertu reste sans honneurs. Il y a mille prix pour les beaux discours, aucun pour les belles actions. Qu'on me dise, cependant, si la gloire attachée au meilleur des discours qui seront couronnés dans cette Académie, est comparable au mérite d'en avoir fondé le prix ?

Le sage ne court point après la fortune ; mais il n'est pas insensible à la gloire ; & quand il la voit si mal distribuée, sa vertu, qu'un peu d'émulation auroit animée & rendu avantageuse à la société, tombe en langueur, & s'éteint dans la misére & dans l'oubli. Voilà ce qu'à la longue doit produire par-tout la préférence des talens agréables sur les talens utiles, & ce que l'expérience n'a que trop confirmé depuis le renouvellement des sciences & des arts. Nous avons des Physiciens, des Géometres, des Chymistes, des Astronomes, des Poëtes, des Musiciens, des Peintres ; nous n'avons plus de citoyens ; ou s'il nous en reste encore, dispersés dans nos campagnes abandonnées, ils y périssent indigens & méprisés. Tel est l'état où sont réduits, tels sont les sentimens qu'obtiennent de nous ceux qui nous donnent du pain, & qui donnent du lait à nos enfans.

Je l'avoue, cependant; le mal n'est pas aussi grand qu'il auroit pû le devenir. La prévoyance éternelle, en plaçant à côté de diverses plantes nuisibles des simples salutaires, & dans la substance de plusieurs animaux malfaisans le remede à leurs blessures, a enseigné aux Souverains qui sont ses ministres à imiter sa sagesse. C'est à son exemple que du sein même des sciences & des arts, sources de mille déréglemens, ce grand Monarque dont la gloire ne fera qu'acquérir d'âge en âge un nouvel éclat, tira ces sociétés célébres chargées à la fois du dangereux dépôt des connoissances humaines, & du dépôt sacré des mœurs, par l'attention qu'elles ont d'en maintenir chez elles toute la pureté, &

de l'exiger dans les membres qu'elles reçoivent.

Ces sages institutions affermies par son auguste successeur, & imitées par tous les Rois de l'Europe, serviront du moins de frein aux gens de lettres, qui tous aspirant à l'honneur d'être admis dans les Académies, veilleront sur eux-mêmes, & tâcheront de s'en rendre dignes par des ouvrages utiles & des mœurs irreprochables. Celles de ces Compagnies, qui pour les prix dont elles honorent le mérite littéraire feront un choix de sujets propres à ranimer l'amour de la vertu dans les cœurs des Citoyens, montreront que cet amour régne parmi elles, & donneront aux Peuples ce plaisir si rare & si doux de voir des societés savantes se dévoüer à verser sur le Genre-humain, non-seulement des lumiéres agreables, mais aussi des instructions salutaires.

DISCOURS.

Qu'on ne m'oppose donc point une objection qui n'est pour moi qu'une nouvelle preuve. Tant de soins ne montrent que trop la necessité de les prendre, & l'on ne cherche point des remédes à des maux qui n'existent pas. Pourquoi faut-il que ceux-ci portent encore par leur insuffisance le caractere des remédes ordinaires ? Tant d'établissemens faits à l'avantage des savans n'en sont que plus capables d'en imposer sur les objets des sciences & de tourner les esprits à leur culture. Il semble, aux précautions qu'on prend, qu'on ait trop de Laboureurs & qu'on craigne de manquer de Philosophes. Je ne veux point hazarder ici une comparaison de l'agriculture & de la philosophie : on ne la supporteroit pas. Je demanderai seulement, qu'est-ce que la Philosophie ? Que contiennent les écrits des Philosophes les plus connus ? Quelles sont les

Leçons de ces amis de la sagesse ? A les entendre, ne les prendroit-on pas pour une troupe de charlatans criant, chacun de son côté sur une place publique; Venez-à-moi, c'est moi seul qui ne trompe point ? L'un prétend qu'il n'y a point de corps & que tout est en répresentation. L'autre, qu'il n'y a d'autre substance que la matiere ni d'autre Dieu que le monde. Celui-ci avance qu'il n'y a ni vertus ni vices, & que le bien & le mal moral sont des chiméres. Celui-là, que les hommes sont des loups & peuvent se devorer en sureté de conscience. O grands Philosophes ! que ne reservez-vous pour vos amis & pour vos enfans ces Leçons profitables; vous en recevriez bien-tôt le prix, & nous ne craindrions pas de trouver dans les nôtres quelqu'un de vos sectateurs.

Voilà donc les hommes merveilleux à qui l'estime de leurs contemporains

DISCOURS.

a été prodiguée pendant leur vie, & l'immortalité reservée après leur trépas! Voila les sages maximes que nous avons reçeuës d'eux & que nous transmettons d'âge en âge à nos descendans! Le Paganisme, livré à tous les égaremens de la raison humaine a-t-il laissé à la postérité rien qu'on puisse comparer aux monumens honteux que lui a préparé l'Imprimerie, sous le régne de l'Evangile? Les écrits impies des Leucippes & des Diagoras son péris avec eux. On n'avoit point encore inventé l'art d'éterniser les extravagances de l'esprit humain. Mais, grace aux caractéres Typographiques * & à l'usage que nous

---

* A considerer les desordres affreux que l'Imprimerie a deja causés en Europe, à juger de l'avenir par le progrès que le mal fait d'un jour à l'autre; on peut prévoir aisément que les souverains ne tarderont pas à se donner autant de soins pour bannir cet art terrible de leurs Etats, qu'ils en ont pris pour l'y établir. Le sultan Achmet cédant aux importunités de quelques prétendus gens de goût avoit consenti d'établir une Imprimerie à Constantinople. Mais à peine la presse

DISCOURS.

en faisons, les dangereuses reveries des Hobbes & des Spinosas resteront à jamais. Allez, écrits célébres dont l'ignorance & la rusticité de nos Péres n'auroient point été capables; accompagnez chez nos descendans ces ouvrages plus dangereux encore d'où s'exhâle la corruption des mœurs de nôtre siécle, & portez ensemble aux siécles à venir une histoire fidelle du progrès & des avantages de nos sciences & de nos arts. S'ils vous lisent, vous ne leur laisserez aucune perplexité sur la question

fut-elle en train qu'on fut contraint de la détruire & d'en jetter les instrumens dans un puits. On dit que le Calife Omar, consulté sur ce qu'il falloit faire de la bibliothéque d'Alexandrie, répondit en cés termes. Si les Livres de cette bibliothéque contiennent des choses opposées à l'Alcoran, ils sont mauvais & il faut les bruler. S'ils ne contiennent que la doctrine de l'Alcoran, brulez-les encore : ils sont superflus. Nos Savans ont cité ce raisonnement comme le comble de l'absurdité. Cependant, supposez Grégoire le Grand à la place d'Omar & l'Évangile à la place de l'Alcoran, la Bibliotheque auroit encore été brulée, & ce seroit peut-être le plus beau trait de la vie de cet Illustre Pontife.

que nous agitons aujourd'hui : & à moins qu'ils ne soient plus insensés que nous, ils léveront leurs mains au Ciel, & diront dans l'amertume de leur cœur ; « Dieu tout-puissant, toi qui tiens dans » tes mains les Esprits, delivre-nous des » Lumiéres & des funestes arts de nos » Péres, & rends-nous l'ignorance, l'in- » nocence & la pauvreté, les seuls biens » qui puissent faire notre bonheur & qui » soient précieux devant toi ».

Mais si le progrès des sciences & des arts n'a rien ajoûté à nôtre véritable félicité ; s'il a corrompu nos mœurs, & si la corruption des mœurs a porté atteinte à la pureté du goût ; que penserons-nous de cette foule d'Auteurs élémentaires qui ont écarté du Temple des Muses les difficultés qui défendoient son abord, & que la nature y avoit répandües comme une épreuve des forces de ceux qui seroient tentés de savoir ? Que penserons-nous de ces Compilateurs d'ouvrages qui ont indiscrettement brisé la porte des Sciences & introduit dans leur Sanctuaire une populace indigne d'en approcher ; tandis qu'il seroit à souhaiter que tous ceux qui ne pouvoient avancer loin dans la carriére des Lettres, eussent été rebuttés dès l'entrée, & se fussent jettés dans des Arts utiles à la societé. Tel qui sera toute sa vie un mauvais versificateur, un Geométre subalterne, seroit peut-être devenu un grand fabricateur d'étoffes. Il n'a point fallu de maîtres à ceux que la nature destinoit à faire des disciples. Les Verulams, les Descartes & les Newtons, ces Precepteurs du Genre-humain n'en ont point eu eux-mêmes, & quels guides les eussent conduits jusqu'où leur vaste genie les a portés ? Des Maîtres ordinaires n'auroient pu que retrecir leur entendement en le resserrant dans l'étroite capacité du leur : C'est par les premiers obstacles qu'ils ont appris à faire des efforts, & qu'ils se sont exercés à franchir l'espace immense qu'ils ont parcouru. S'il faut permettre à quelques hommes de se livrer à l'étude des Sciences & des Arts, ce n'est qu'à ceux qui se sentiront la force de marcher seuls sur leurs traces, & de les devancer : C'est à ce petit nombre qu'il appartient d'élever des monumens à la gloire de l'esprit humain. Mais si l'on veut que rien ne soit au-dessus de leur génie, il faut que rien ne soit au-dessus de leurs esperances. Voilà l'unique encouragement dont ils ont besoin. L'ame se proportionne insensiblement aux objets qui l'occupent, & ce sont les grandes occasions qui font les grands hommes. Le Prince de l'Eloquence fut Consul de Rome, & le plus grand, peut-être, des Philosophes, Chancelier d'Angleterre. Croit-on que si l'un n'eut occupé qu'une chaire dans quelque Université, & que l'autre n'eut obtenu qu'une modique pension d'Académie ; croit-on, dis-je, que leurs ouvrages ne se sentiroient pas de leur état ? Que les Rois ne dédaignent donc pas d'admettre dans leurs conseils les gens les plus capables de les bien conseiller : qu'ils renoncent à ce vieux préjugé inventé par l'orgueil des Grands, que l'art de conduire les Peuples est plus difficile que celui de les éclairer : comme s'il étoit plus aisé d'engager les hommes à bien faire de leur bon gré, que de les y contraindre par la force. Que les savans du premier ordre trouvent dans leurs cours d'honorables aziles. Qu'ils y obtiennent la seule récompense digne d'eux ; celle de contribuer par leur crédit au bonheur des Peuples à qui ils auront enseigné la sagesse. C'est alors seulement qu'on verra ce que peuvent la vertu, la science & l'autorité animées d'une noble émulation & travaillant de concert à la félicité du Genre-humain.

Mais

Mais tant que la puissance sera seule d'un côté; les lumiéres & la sagesse seules d'un autre; les savans penseront rarement de grandes choses, les Princes en feront plus rarement de belles, & les Peuples continueront d'être vils, corrompus & malheureux.

Pour nous, hommes vulgaires, à qui le Ciel n'a point départi de si grands talens & qu'il ne destine pas à tant de gloire, restons dans nôtre obscurité. Ne courons point après une réputation qui nous échaperoit, & qui, dans l'état présent des choses ne nous rendroit jamais ce qu'elle nous auroit coûté, quand nous aurions tous les titres pour l'obtenir. A quoi bon chercher nôtre bonheur dans l'opinion d'autrui si nous pouvons le trouver en nous-mêmes ? Laissons à d'autres le soin d'instruire les Peuples de leurs devoirs, & bornons-nous à bien remplir les nôtres, nous n'avons pas besoin d'en savoir davantage.

O vertu! Science sublime des ames simples, faut-il donc tant de peines & d'appareil pour te connoître? Tes principes ne sont-ils pas gravés dans tous les cœurs, & ne suffit-il pas pour apprendre tes Loix de rentrer en soi-même & d'écouter la voix de sa conscience dans le silence des passions? Voila la véritable Philosophie, sachons nous en contenter; & sans envier la gloire de ces hommes célébres qui s'immortalisent dans la République des Lettres, tâchons de mettre entre eux & nous cette distinction glorieuse qu'on remarquoit jadis entre deux grands Peuples; que l'un savoit bien dire, & l'autre, bien faire.

FIN.

www.ingramcontent.com/pod-product-compliance
Lightning Source LLC
LaVergne TN
LVHW022114080426
835511LV00007B/821